AF293374

Für MLuiZ

Thom Renzie

# Geradeheraus kann manchmal ganz schön daneben

Aphorismen und andere Fragmente

BoD – Books on Demand, Norderstedt

Bibliografische Information der Deutschen Nationalbibliothek:
Die Deutsche Nationalbibliothek verzeichnet diese Publikation
in der Deutschen Nationalbibliografie; detaillierte
bibliografische Daten sind im Internet über dnb.dnb.de
abrufbar.


Herstellung und Verlag:
BoD – Books on Demand, Norderstedt

ISBN: 9783741228230

Die Anordnung der folgenden Gedanken folgt zwar
auf den ersten Blick dem ABC, ist aber ansonsten
recht willkürlich. Selbst die alphabetische
Subsumierung erscheint alles andere als zwingend, da
sich an Stelle des gewählten Oberbegriffs auch der ein
oder andere hierfür empfohlen hätte. Wie auch ließen
sich Anlageberater, Anmut, die Astrologie, die Banken,
Pandora, die Wahrheit und Zyniker, um nur ein paar
Begriffe zu nennen, unter einen Hut bringen. Einige
wollten sich überraschenderweise mit einer
Einfachnennung nicht abfinden und erscheinen gleich
mehrfach. Banken, den Verstand, Vorurteile, Fußball,
die Wahrheit und den Zyniker gibt es neben anderen
gleich in mehrfacher Ausführung.

Die deutsche Sprache ist reich an Redewendungen,
und so tauchen denn in der Folge etliche dieser in
Rede stehenden Wendungen auf, um sich ins
Gespräch zu bringen.

## A bis Z

Was nutzt es, wenn man alles von A bis Z besprochen
und dabei übersehen hat, dass man ein X für ein U
vorgemacht bekommen hat.


## Abenteuer

Ob Abenteuersport oder Abenteuerurlaub, viele
Menschen wollen Abenteuer heute nicht mehr aus
zweiter Hand, sondern selbst erleben und vergessen
dabei, dass die Suche nach dem Selbst das größte
Abenteuer ist.


## Abenteuer

Abenteuer können an des Tages Abend teuer werden.


## Aberglaube

Wenn der Glaube „aber" sagt, dann stellt er sich gerne
auch mal auf die Zehenspitzen und greift nach dem,
was in den Sternen geschrieben steht.

## Aberglaube

Dort, wo der Glaube an die Vernunft ein Aber zulässt,
lädt der Zweifel gerne auch mal den Aberglauben ein.


## Abschied

Dem Abschied leicht voraus zu sein, heißt, ihm etwas
von seiner Schwere zu nehmen.


## Absurdität

Es sind die Absurditäten des Lebens, die den Verstand
darauf stoßen lassen, dass es absurd ist, alles
verstehen zu wollen.


## Ahnung

Wer eine Ahnung davon bekommt, welches Los ihm
in seiner Ahnungslosigkeit zukommt, sollte sich um
Erkenntnis bemühen.

**alt aussehen**

Es gibt Momente, da muss man gar nicht alt aussehen,
um alt auszusehen.


**alternativ**

Lieber im Alter erfahren als alternativ noch im Alter
naiv.


**Amt**

Wo früher das Fräulein vom Amt vermittelte, wartet
heute der Computer mit Schleife.


**Amt und Würden**

Von Fall zu Fall amtlich ist, dass es sich in Amt und
Würden mitunter äußerst fragwürdig lebt. Die Kirche
weiß ein Lied davon zu singen.

## Amtsschimmel

Wenn Paragraphenreiter auch noch auf dem
Amtsschimmel daherkommen, dann hat man
Schimmel angesetzt, bevor man sein Anliegen auf
dem Amt ins Ziel gebracht hat.


## Andeutungen

Wenn Andeutungen ins Rennen geschickt werden,
bleiben Ross und Reiter gerne ungenannt.


## Anlageform

Größte Vorsicht ist angebracht, wenn
Vermögensberater bestimmte Anlageformen über den
grünen Klee loben. Meist kommt man damit auf
keinen grünen Zweig.


## Anmut

Anmut: Wenn Geist nicht geizt und im rechten Maß
sich sinnlich zeigt.

## Anstand

Der Umstand, dass man ihn nur noch selten antrifft, sollte doch eigentlich Grund genug sein, Bestandsschutz für den Anstand zu einzufordern.


## Antipathie

Verbalisierte Antipathie gegenüber Antipasti kann durchaus gewichtige Gründe haben.


## Antipathie

Ein geringes Maß an Antipathie ist oft kein Hinderungsgrund für eine gute Partie.


## Anzug

Wenn ein Gewitter nicht mehr nur im Anzug ist und eine kriegerische Auseinandersetzung irgendwo auf dieser Welt ausbricht, sollte man sich zuallererst, wenn man verstehen will, auf die Frage kaprizieren, wer besagten Anzug geliefert und bezahlt hat.

## Armleuchter

Das große politische Geschäft zieht weniger Leuchten als Armleuchter an.

## Arroganz

Die Maske der Arroganz schützt die Komfortzone.

## Arroganz

Arroganz ist Mediokrität auf Stelzen.

## Arroganz

Arroganz ist der gescheiterte Versuch der Verkehrung des konkav empfundenen Selbstwertes in die konvexe Form.

## Astrologie

Unabhängig von ihrem realen Einfluss steht und fällt die Bedeutung der Astrologie mit den Menschen, die sich die Konstellationen der Gestirne in die Rechnung diktieren lassen. Interessant wäre sicherlich die Frage, ob die Rechnung im Einzelfall mit oder ohne Berücksichtigung der Sterne anders ausgefallen oder vielleicht auch gar nicht aufgegangen wäre.


## Augenblick

Auch wer dem Augenblick ins Auge blickt, sieht ihn nur flüchtig. Jetzt wird gleich schon eben sein.


## Ausrede

In Situationen, in denen die Wahrheit wie eine Ausrede klingt, flüchten sich manche Menschen lieber in Ausreden, die wahr klingen.

## Ausrede

Man muss nicht immer ausreden, wenn einem die
Ausreden von anderen in den Mund gelegt werden.

## Ausrede

Es gibt Menschen, die sich früher oder später dadurch
in große Verlegenheit bringen, dass sie um keine
Ausrede verlegen sind, wenn sie sich auf Ausreden
verlegen.

## Bärendienst

Wenn Bären Dienst tun, hätte man auf das
Gutgemeinte besser verzichtet.

## Bäume

Bäume - alles andere als lichtscheues Gesindel.

## Bäume

Und jedes Jahr beginnen die Bäume von neuem, ihre
Geschichte in ihren Blättern zu schreiben, nur um sie
am Ende des Jahres wieder zu verwerfen.


## Bank

Banken denken global und fiskalisch-ethisch-
moralisch in größeren Zusammenhängen. Wenn es
allgemein an der Tagesordnung ist, das Konto zu
überziehen, Kredit zu nehmen und alles zu finanzieren,
warum dann nicht auch als Kreditgeber ethisch-
moralisch überziehen?


## Bank

Unglaublich aber wahr ist, dass sich niemand dagegen
verwahrt, dass Banken mittlerweile Verwahrentgelte
ausrufen und viele Sparer dies immer noch nicht mit
dem Abzug ihrer Gelder entgelten.

**Bank**

Nachhaltiger Gewinn ist für die Bankster eine sichere
Bank, da sie die Finanzierung beider Seiten in einem
Krieg gewährleisten, den sie selbst initiiert haben.

**Bank**

Auch in Niedrig-, Null- und Negativzinszeiten winken
die Banken eifrig mit grünen Zweigen, auf die die
Sparer niemals kommen werden.

**Bank**

Wer bei den Banken in der Kreide steht, muss damit
rechnen, dass die ihn im Ernstfall in der Tinte sitzen
lassen.

**Bank**

Prosperität und Frieden bekommt man durch die Bank
am besten, indem man einen lukrativen Krieg
vorausschickt.

## Bankberatung

Wer bei der üblichen Nullachtfünfzehn-Bankberatung
seinen gesunden Menschenverstand außer Acht lässt,
hat im Nullkommanichts mehr Erfahrung und weniger
Geld.


## Beamtenapparat

Ein opulenter Beamtenapparat sucht sich seine
Aufgaben: Der Behördenweg ist das Ziel.


## Berg

So mancher mag verwundert sein ob der
Notwendigkeit, dass es abwärts geht, obwohl er doch
gerade erst über den Berg war.


## Berufung

Wer sich auf seinen Beruf beruft, muss noch lange
nicht dazu berufen sein, seine Berufung auch in
seinem Beruf zu finden.

**Bewusstsein**

Der Weg zu einem ganzheitlichen Bewusstsein scheint
auf, wenn wir uns der Selektivtät unserer
Wahrnehmung ganz bewusst werden.

**Bierruhe**

Sind Hopfen und Malz erst einmal verloren, ist meist
auch die Bierruhe dahin.

**Bigotterie**

Wenn die Bigotten in ihrem Glauben und ihrer
kleinlichen Frömmigkeit eifern, dann kommt der
Schein heilig daher.

**Bild**

Es ist allemal gut, im Bilde zu sein, bevor man im
Wort steht.

Schon
mancher,
der ins Grüne
wollte, ist ins
Blaue
gefahren.

**Blitz**

Geistesblitze treffen den entspannten Geist.


**Blitzbirne**

Wenn es ans Eingemachte geht, sind Blitzbirnen
selten zu gebrauchen.


**Blockflöte**

Wenn auf dem politischen Laufsteg heute alle Farben
als miteinander kombinierbar präsentiert werden,
dann spielt im Hintergrund die gute alte sozialistische
Blockflöte.


**Blockflötentöne**

Jemandem heute politisch gesehen die
Blockflötentöne beizubringen, heißt ihn zu lehren,
dass unter der scheindemokratischen Decke jeder mit
jedem ins Bett steigen kann, um Mehrheiten zu
zeugen.

## Böhmische Dörfer

Wen der Weg nur durch Böhmische oder
Potemkinsche Dörfer führt, der versteht in beiden
Fällen kaum, was er hört oder sieht.


## Brot

Während das geistige Brot heute immer dünner
geschnitten wird, wird immer dicker aufgetragen.


## Brückentag

Es ist allemal erholsamer einen Brückentag
einzubauen, als an einem Tag eine Brücke zu bauen.


## Buch

Es gibt Menschen, die sind für ihre Mitwelt ein Buch
mit sieben Siegeln, obwohl sie ganz offen
verschlossen sind.

## Buch

Manchen Menschen ist ihr Leben wie ein Buch, aus dem andere vorlesen.


## Bürohengst

Nach Büroschluss zeigt sich häufig, dass in so manchem Bürohengst allenfalls ein Esel steckt.


## Bürokratie

Kein Segen für die Zeit ist, dass große Visionen im Prokustesbett der Bürokratie immer wieder das Zeitliche segnen.


## Chance

Eine Chance zu ergreifen heißt, sich die Statur für die Kleider zu erarbeiten, die einem das Leben hingelegt hat und daraus einen Anzug zu machen.

**Charakter**

Charakter ist nicht das, was politisch
durchsetzungsfähig ist.


**Charakter**

Charakter ist das, was so mancher, wenn er es müsste
oder sollte, nicht zeigen kann oder will.


**Charakter**

Ein Charakterkopf garantiert noch nicht, dass man
auch Charakter zeigt oder nicht kopflos agiert, wenn
es darauf ankommt.


**Charakter**

Manche treiben die Beschränkung auf das
Unwesentliche ihrer Persönlichkeit so weit, dass sie
sich bar jeden Charakters präsentieren.

## Charakter

Spätestens dann, wenn uns das Leben ziemlich unsanft schubst, sodass wir fallen, sollte uns einfallen, dass es hohe Zeit ist, Charakter zu zeigen.


## Charakter

Schwierigkeiten sind der Laktattest für den Charakter.


## Charakter

In der großen Politik gilt: Geld schlägt Charakter. Geheime Dossiers für alle Fälle verstetigen die Regel.


## Charakter

Charakter in der Politik endet dort, wo man parteipolitisch im falschen Zug sitzt, andernfalls wird man nicht mehr zum Zuge kommen und findet sich bestenfalls auf dem Abstellgleis wieder.

## Courage

Courage muss nicht erst auf eine Uniform warten, sie
darf auch ruhig mal in Zivil einschreiten.


## dahinterkommen

Man kommt in einer Sache oft erst voran, indem man
dahinterkommt.


## Damaskuserlebnis

Das Leben gibt jedem den Schlüssel in die Hand, sein
Leben grundlegend zu ändern, wenn er mit seinen
Überzeugungen und seinem Handeln quer zu ihm
steht. Jeder ist frei, den Schlüssel zu nehmen, das Tor
nach Damaskus zu öffnen und es zu erleben.


## Demut

Mit ein wenig Mut zur Demut gewinnen wir auch das
ehemals natürliche Wundern angesichts der Wunder
der Natur zurück.

## Demut

Demut sucht auch im Erfolg noch nach Ausreden.


## Denken

Welche Macht dem Denken zukommt, zeigt sich in
der durch Aberglauben induzierten sich selbst
erfüllenden Prophezeiung.


## Derivate

Die Basis unseres Geldsystems: viel heiße Luft aus
Nichts. Das Geld wird aus dem Nichts geschaffen und
durch heiße Luft, auch Derivate genannt, auf
wundersame Weise vermehrt, um sich eines Tages,
wenn alle Sachwerte gerecht an die Banken verteilt
sind, wieder in seine Ursubstanz, in Luft aufzulösen.


## dick

Wenn es ernst wird, machen sich vermeintlich dicke
Freunde schon mal dünn.

**dickes Fell**

Der wahre Wert bewertungslosen Wahrnehmens liegt
in dem dicken Fell, das eben dadurch entsteht -
Balsam für das seelische Immunsystem.


**digital**

Digitale Persistenz ist schon so mancher Existenz zum
Verhängnis geworden.


**digital**

Früher glich das Leben mitunter einer Berg- und
Talfahrt, heute ist es nur mehr eine Digitalfahrt, bei
der der Mensch zunehmend hinter einem Berg von
Daten verschwindet.


**Dinge**

Manchmal müssen die Dinge im Leben erst auf Grund
laufen, damit sich von Grund auf etwas ändert und es
wieder läuft.

**Dummheit**

Dumm ist nicht, wer nicht meint, zu allem eine
Meinung haben zu müssen, sondern derjenige, der
meint, zu allem seinen Senf dazugeben zu müssen.


**Dummheit**

Wenn Dummheit nach dem Gesetz ruft, dann hat der
Satiriker ins Mark getroffen.


**Dummheit**

Wenn Satire Dummheit durch Überspitzung ins
Rampenlicht setzt und Dummheit per Gesetz dagegen
vorgeht, dann hat Dummheit ihre Bloßstellung auf die
Spitze getrieben.


**Dummheit**

Die schulischen Leerpläne eröffnen der Dummheit
ganz neue Gestaltungsspielräume.

Es ist das
verdiente
Los der
demo-
kratischen
Masse,
wenn maßlose
Dummheit
regiert.

**Ehe**

Ihre beste Phase erlebt so manche Ehe, ehe sie
geschlossen wird.


**eingebildet**

Man muss nicht extra ausgebildet werden, um
besonders eingebildet zu sein.


**Einsamkeit**

Einsamkeit wird nicht in metrischen Einheiten
zwischen uns und anderen gemessen.


**Ende**

Das dicke Ende folgt dem falschen hinterher, wenn
man an letzterem gespart hat.

## Erfahrung

Reiche Erfahrungen lassen sich an geschossenen
Böcken ablesen.


## Erkenntnis

Den Apfel befällt nicht weit vom Stamm die
Erkenntnis, dass wegen ein paar Gramm, was hoch
hängt, auch tief fallen kann.


## Erotik

Geht mehr als ein Tick unter die Haut – Erotik.


## Experte

Es ist schon erstaunlich, mit welcher Hingabe
vermeintliche Experten versuchen, in zu hundert
Prozent regulierten Märkten Gesetzmäßigkeiten zu
finden, die ihre Gültigkeit mit Aufgabe der freien
Märkte längst verloren haben.

## Experte

Gut, dass es Experten gibt, die hinterher schon vorher immer alles besser wussten.


## Expertise

Expertise sucht Sachverständigen für Zweckverbindung inklusive Begutachtung.


## faktisch

Schon in einem Faden, der Mäusebissen widersteht, konzentriert sich manchmal die ganze normative Kraft des Faktischen.


## Fanatismus

Fanatismus: eine gravierende geistige Mangelerscheinung.

## Fanatismus

Wo es an Geist und Fantasie mangelt, fließt
Fanatismus leicht über.


## Farbe

Manche wollen auch dann noch nicht Farbe bekennen,
wenn man ihnen die Wahrheit schwarz auf weiß vor
Augen führt.


## Fassade

Wer ständig auf den Putz haut, muss damit rechnen,
dass die Fassade irgendwann bröckelt.


## Federn

Mit geborgten Federn enden intellektuelle Höhenflüge
zumeist tief.

**Fehler**

Auf hohem Ross sitzend lässt sich gut auf Fehlern anderer herumreiten.


**Fell**

Gerade eine ehrliche Haut ist anfällig dafür, dass man ihr gerne mal das Fell über die Ohren zieht.


**Feuertaufe**

Es ist durchaus nichts Ungewöhnliches, dass manchem bei seiner Feuertaufe der Arsch auf Grundeis geht.


**Finanzberater**

Wenn der Finanzberater dazu rät, alle Eier in einen Derivate-Korb zu legen, dann hat er Anleihen beim Hahn genommen, der über das Eierlegen schwadroniert.

## Finanzsystem

Viele mögen ja schon einmal davon läuten gehört
haben, wie marode unser Finanzsystem ist, aber nur
die wenigsten wissen wohl, was die Glocke wirklich
geschlagen hat.


## französisch

Wenn sich jemand von einer Gesellschaft französisch
verabschiedet, dann ist das nicht unbedingt die feine
englische Art und kann dem einen oder anderen
durchaus spanisch vorkommen.


## früher

Wenn man mal von der Vergangenheit absieht, war
früher alles besser.


## früher

Auch früher war später alles besser, wenn man später
an früher dachte.

## Friedensbringer

Gewisse Preise werden gerne auch an solche Personen
vergeben, die Kriege anzetteln lassen, um sich dann
als noble Friedensbringer preisen zu lassen.


## Fußball

Sterbende Schwäne gibt es tatsächlich auch im
Fußball. Allerdings schwant den Zuschauern dabei
zumeist nichts Gutes.


## Fußball

Manchmal macht schon eine Schwalbe im Fußball
den Unterschied.


## Fußball

Fußball ist, wenn vorne die Null steht, obwohl man
hinten Beton angerührt und eine gute Eins stehen hat.

Es muss nicht unbedingt einer legasthenischen Ausrichtung geschuldet sein, wenn man vom Fruchtbaren zum Furchtbaren kommt.

## Fußball

Fußball ist auch, wenn eine falsche Neun alle viere von sich streckt, weil sie richtig eins auf die Zwölf gekriegt hat.

## Fußballspiel

Wenn einem in einem Fußballspiel nach hinten heraus die Luft ausgeht, wird es schwierig hinten dicht zu halten.

## Fußnoten

Wenn aus Fußnoten Schlagzeilen werden, dann stellt sich die Frage, warum sie die eigentlichen Hauptmeldungen aus den Zeilen geschlagen haben.

## Gardinenpredigt

Nach Gardinenpredigten, die sich gewaschen hatten, wurden schon des öfteren begossene Pudel gesehen.

## Gedächtnisschulung

Wer Mühe hat, sich etwas zu merken, der suche in
jedem Etwas das, was würdig ist, behalten zu werden,
kurz: das Merkwürdige.


## Geduld

Geduld braucht Zeit. Geduld nimmt sich Zeit. Geduld
relativiert Zeit. Geduld zeitigt Erfolg.


## Geduld

Geduld heißt, der Zeit den Zahn zu ziehen.


## Gefühl

Kann etwas verletzender sein, als das Eindringen
eines ungeladenen Gastes in den Bezirk der innersten
Gefühle?

**Geist**

Sind die Wege des Geistes kurz, wird auch ein Wink
mit dem Zaunpfahl nur als Bestätigung dafür
empfunden, dass die Welt mit Brettern vernagelt ist.


**Geld**

Mancher sieht bestechend klar: Über Geld spricht man
nicht, man lässt es sprechen.


**Geld**

Geld sediert in dieser Welt.


**Geld**

Geld entsteht aus dem Nichts, aber nichts steht für
mehr Überzeugungskraft

Geld

stinkt

nicht,

aber

es kann

schmieren.

**Geld**

Bemerkenswerterweise kümmern sich die wenigsten
Menschen darum zu verstehen, was Geld eigentlich ist,
obwohl es doch eine sehr zentrale Rolle in ihrem
Leben spielt - Illusion und Schuld. Illusionen
verfangen heutzutage dreidimensional und haptisch.
Dank Geld aus dem Nichts kann man längere Zeit
etwas in der Hand haben oder bewohnen, was einem
in Wirklichkeit nie gehören, wird, weil man es sich
von Anfang an nicht leisten konnte. Und so laufen sie
dem Geld auch dann noch hinterher, wenn es sich
längst in Luft aufgelöst hat, um Schulden zu bedienen,
die sich in immer luftigere Höhen versteigen.

**Genius**

Immer wieder neue Perspektiven eröffnen sich dem —
das ist eines der Geheimnisse des Lebens -, der den
Mut aufbringt, dem Fluge seines Genius zu folgen.

**gerade**

Die kürzeste Verbindung zwischen eben und gleich ist
gerade jetzt.

**geradeheraus**

Geradeheraus kann manchmal ganz schön daneben
sein.


**Gernegroß**

Hinter einem intellektuellen Gernegroß steckt meist
ein geistiger Habenichts.


**Gerüchteküche**

Virtuelles Kochen erfreut sich seit jeher, wie die
Gerüchteküche weiß, großer Beliebtheit, allerdings
nur bei den Köchen.


**Gewissen**

Gewissensbisse: Wer gewiss weiß, dass das Gewissen
später beißt, sollte gewisse Handlungsoptionen von
vornherein ausschließen.

**global**

Global heißt, statt Grenzen zu ziehen, grenzenlos zu
überziehen.

**Glück**

Glücklich kann sich schätzen, wer erkennt, dass er
sich den Traum vom Glück nur durch Nichterfüllung
erhalten kann.

**Goldwaage**

Richtigstellung: Wagemut erhält man nicht, indem
man Kleinmut auf die Goldwaage legt.

**Gretchenfrage**

Wenn es vom Höckschen aufs Stöckchen zu gehen
droht, ist die Gretchenfrage zwingend.

**groß**

Lieber groß als leer ausgehen.


**Großsprecher**

In der Tat sind Großsprecher zumeist Kleingeister, denen es an Fähigkeit und Tatkraft fehlt.


**grüner Tisch**

Am grünen Tisch werden gerne auch mal, im besten Fall blauäugig, Entscheidungen serviert, über die man sich in der Praxis grün und blau ärgern kann.


**gut**

Positiv und Komparativ: Gut und vernünftig sein zu wollen, ist zweifelsohne ambitionierter, als besser und vernünftiger sein zu wollen.

## gut

Gut wäre es, wenn man vorher wüsste, was man
besser machen könnte und was man am besten
gelassen hätte.


## gut ankommen

Wenn es schlecht läuft, dann kommt es gut an, wenn
jemand dazu steht, die Verantwortung übernimmt und
geht.


## gute Tat

Der Glaube an das Gute in dieser Welt ist fraglos ein
Gut, das der stetigen Bestätigung durch die gute Tat
bedarf, damit es nicht infrage gestellt wird.


## guten Mutes

Guten Mutes zu sein, bedeutet noch nicht, dass man
auch gutmütig oder gar gütig ist, aber es hilft.

## Habsucht

Habsucht ist eine geistig-seelische
Mangelerscheinung.


## Habsucht

Wenn Habsucht Maß anlegt, platzt manchem der
Kragen.


## Halbwissen

Die Hüter des Ganzwissens wissen mit dem
Halbwissen des Publikums ganz gut zu leben.


## Hals- und Beinbruch

Obwohl einem Hals- und Beinbruch gewünscht wurde,
kommt man manchmal gerade so mit einem blauen
Auge davon.

## Harfe

Misstöne hin oder her, unserem Planeten und uns
wäre schon ein wenig geholfen, wenn die
Verantworlichen statt mit HAARP mit einer Harfe
herumspielen würden.


## Heidenlärm

Auch manche Christen können zu unchristlicher Zeit
einen Heidenlärm veranstalten.


## Hellseher

Kein Grund schwarzzusehen. Oft genug kommt es
anders, als vermeintliche Hellseher einem
weismachen wollen.


## heimleuchten

Um jemandem heimzuleuchten, muss man nicht erst
bis zur Dunkelheit warten.

**Hemd**

Wie oft ist es schon vorgekommen, dass das letzte
vergebene Hemd dem Empfänger schlecht zu Gesicht
gestanden hat!


**Hemd**

Was darf man erwarten, wenn ein halbes Hemd
verspricht, sein letztes Hemd zu geben?


**Herz**

Schon manchem lief, nachdem er auf Herz und Nieren
geprüft worden war, bei entsprechendem Ausgang
auch noch eine Laus über die Leber.


**Herzenstakt**

Es müssen ja nicht gleich Ausreden sein, denkt sich
Herzenstakt, wenn man sich das Ausreden verkneift
und schweigt.

**Hölle**

Wer meint, er müsse jemandem die Hölle noch heiß
machen, kann ihn auch zum Eiscremeverkauf an den
Kältepol schicken.

**Hohlkopf**

Bei Hohlköpfen besteht viel Luft nach oben.

**Hund**

Nachts sind alle bunten Hunde grau.

**Hut**

Ein alter Hut kann, wenn er zur rechten Zeit wieder
hervorgeholt wird, einen ganz neuen Trend setzen.

**Hut**

Wie gerne würde ich den Hut einmal vor einem
Politiker ziehen, der etwas auf seine Kappe nimmt.
Leider aber geht mir der Hut nur allzu oft hoch, weil
der eine oder andere neben der Kappe zu sein scheint.


**in sich gehen**

Menschen, die häufiger mal nicht ganz bei sich sind,
kann man an sich nur empfehlen, in sich zu gehen, um
zu sich zu finden.


**Intuition**

In ein gutes Entscheidungsportfolio gehören Gefühl,
Verstand und eine gehörige Portion Intuition.


**Jota**

Wer nicht ein Jota nachgibt, ist entweder ein Sturkopf
oder ein Alphatier oder auch ein stures Alphatier.

## Kadavergehorsam

Wenn jemand Kadavergehorsam einfordert, stinkt etwas gewaltig zum Himmel.


## Kaffee

Für die Kenner ist es keine frappierend neue Nachricht, sondern kalter Kaffee, dass Frappé auf Eis genossen wird.


## kaltstellen

Wer jemanden kaltstellen will, gibt ihm häufig noch ein paar warme Worte mit auf den Weg.


## Kartenhaus

Ob Luftschloss oder Kartenhaus, substantiell macht das keinen Unterschied.

**Kater**

Mit einem Après-Kater bekommt eine lange Nacht ein
völlig neues Gesicht.


**Katze**

Nicht artgerechter Vertrauensvorschuss: die Katze im
Sack.


**Katze**

Lieber noch im Sack, mag sich die Katze denken, als
das Fell über die Ohren gezogen zu bekommen.


**Kind**

Ein Kind von Traurigkeit: Wenn im Leben die Karten
neu gemischt wurden, hat schon so mancher wie Pik
sieben dagestanden.

## Kleingeister

Kleingeister gefallen sich in der Rolle, vehement zu blockieren, was große Geister ins Rollen gebracht haben.

## Koketterie

Koketterie ist, wenn der Scheffel, unter den man sein Licht demonstrativ stellt, namentlich im Schaufenster steht.

## Kontakte

Bunte Hunde verfügen sicherlich über mehr soziale Kontakte als graue Mäuse.

## Kopf

Heute zerbricht man sich nicht mehr den Kopf, heute macht man sich einen Kopf.

## Koryphäe

Was ihren Standort angeht, sind sowohl Koryphäen
als auch Konifären am besten in hellem Licht zu
halten. Schatten wird nicht toleriert.


## Kosmopilotin

Männliche Astronutte sucht weibliche Kosmonutte
oder Kosmopilotin für galaktische Beziehung, um
zusammen im All zu werden.


## Krieg

Kriege lassen sich naturgemäß nur führen und zu Geld
machen, wenn es Zwietracht und damit zwei Seiten
gibt. Wer die Ernte einfährt, hat auch die Saat
ausgebracht.


## Krieg

Kriege rechtfertigt man heute gerne mal damit, dass
man Dinge finden will, die man vorher erfunden hat.

**Krisenherd**

An Krisenherden müssen Menschen Suppen
auslöffeln, die ihnen andere aus geostrategischen oder
anderen niederen Motiven ungefragt eingebrockt
haben.


**Lächeln**

Wer ein besonders schönes Accessoire sucht, sollte es
mal mit einem Lächeln versuchen.


**Ladenhüter**

Ein Torhüter, der seinen Laden regelmäßig dichthält,
ist gewiss kein Ladenhüter.


**Land**

Frage nicht nur, was du an Land tun kannst, frage
auch, was du dir an Land antust.

## Landschaft

Land schafft, denkt sich manch ein erschöpfter Bauer
bei dem Blick über die Landschaft.


## Last

Eine Last wird nicht durch das bestimmt, was uns das
Schicksal aufbürdet, sondern durch das, was wir in
Gedanken daraus machen.


## Laster

Die Frontpartie ist aller Laster Anfang.


## Leben

Das Leben lehrt, dass es nicht auf alle Register,
sondern nur auf die richtigen Strippen ankommt,
wenn man es vermeiden will, den Kürzeren zu ziehen.

## Leben

Wer sich immer gehen lässt, den grüßt das Leben
nicht spurlos, wenn es an ihm vorübergeht.


## Leben

Es hat schon Menschen gegeben, die aus dem Leben
treten wollten, um zu sehen, was dahinter steckt.


## Lebensart

Wenn aus einer lauen eine laxe Lebensart wird, hat
man sich ein X für ein U vorgemacht.


## Legende

Eindrucksvoll angekündigt und kläglich gescheitert,
auch das ist ein Stoff, aus dem Legenden sein können,
wie das Hornberger Schießen zeigt.

## Lehrer

Dem Lehrer ist es ein Dorn im Auge, wenn seine
Schüler trotz all seiner Bemühungen beharrlich ein
Brett vor dem Kopf haben.

## Leidenschaft

Leider schafft man es allein in der Theorie kaum bis
zu der Erkenntnis, dass Leidenschaft auch Leiden
schafft.

## Liaison

Zu schön, um dauerhaft ungeschminkt zu sein: Für
Wahrheit und Schönheit reicht es allenfalls zu einer
Liaison.

## Lich

Ein Glücklicher, wer nicht nur ein Bier, sondern auch
sein Glück in Lich findet.

## Los

Das Los aller dauerhaften Ausschweifungen ist das
Loswerden aller Freude am maßstabslosen Leben.


## Lüge

Es gibt Menschen, die lügen sich selbst etwas in die
Tasche und anderen ins Gesicht.


## Luft

Es kommt schon mal vor, dass dicke Luft herrscht,
wenn die Luft dünn wird.


## Luft

Banken zaubern mit Ableitungen, auch Derivate
genannt. Anlegergelder werden in Luft aufgelöst.

## Luftschlösser

Wer die Luftschlösser des Anlageberaters bezieht, muss sich nicht wundern, wenn er aus allen Wolken fällt.


## Luxus

Luxus ist, wenn das Haben das Sein im Überfluss ertränkt.


## Macht

Wenn Macht darauf verzichtet, das Heft in der Hand offen zu zeigen, ist sie am einflussreichsten.


## Macht

Macht ohne Maß macht maßlos anmaßend.

## Macht

Wenn man einer Sache keine Macht über sich verleiht,
macht Macht nichts.


## Maske

Es soll schon vorgekommen sein, dass Menschen, von
denen man glaubte, sie hätten ihr Gesicht verloren,
nur ihre Maske fallen lassen haben.


## Matrix

Der Einfluss der Matrix greift, solange das Publikum
nicht begreift, dass es sich in einer Welt fiktiver
Medienereignisse befindet.


## Matrix

Matrix: Nicht mehr das Erlebte zählt, sondern
Erzählte wird als real erlebt.

## Maulheld

Maulhelden sind bemüht, theoretisch mit Vorzügen zu renommieren, die ihnen praktisch abgehen.

## Maus

Wie der Mensch, so die Maus. Auch Mäuse hängen heute am Computer.

## Meditation

Meditation ist, wenn man in der Versenkung erwacht.

## Misserfolge

Wir müssen Erfolge nicht missen, wenn wir aus Misserfolgen die richtigen Konsequenzen ziehen.

Einfach
nur Mensch
sein,
mehrfach
haben
Menschen
ihre Liebe
Müh und Not
damit.

## Misstrauen

Ungesundes Misstrauen ist mit einem gesunden Maß
an Vorsicht zu genießen.


## Mittelpunkt

Es gibt Menschen, die sich überall im Mittelpunkt
befinden wollen, weil sie ihre eigene Mitte nicht
finden können.


## Mode

Wenn eine Mode das letzte Wort behält, ist es der
letzte Schrei.


## Mond

Es macht wenig Sinn, jemanden, der hinter dem Mond
lebt, aus Wut auf selbigen schießen zu wollen.

## Moment

In vielsagenden Momenten stört es manchmal sehr,
wenn Menschen viel sagen.


## morgen

Wer nicht von gestern ist, der weiß heute, worauf es
morgen ankommt.


## morphogenetisches Feld

Wenn der Wunsch zum Vater des Gedankens wird:
Die wirksamste und subtilste Form der
Bewusstseinskontrolle erfolgt über die Einspeisung
von erwünschten Gedanken in das morphogenetische
Feld.


## Münze

Das Schicksal wirft keine Münze. Kopf oder Zahl ist
nicht die Frage, irgendwann zahlt sich etwas aus oder
man zahlt.

## Münze

Ein Wort zuviel, ein Wort zu wenig, eine
missverstandene Geste, zwei Seiten, eine Münze -
Himmel und Hölle.


## Mut

Lässt sich über Mut sagen, dass er aus Übermut wird,
wenn man letzteren etwas sinken lässt?


## Mut

Mut kann nur fassen, wen die Angst zuvor angefasst
hat.


## Mutmaßungen

Wer nicht ständig damit beschäftigt ist, Mutmaßungen
darüber anzustellen, was andere über ihn mutmaßen,
hat nicht nur mehr Zeit, sondern vermutlich auch
mehr Selbstbewusstsein.

**Nachhilfe**

Kaum irgendwo gibt es so viel Nachhilfe wie in
Wirtschaft und Politik. Wenn es in der Wirtschaft
stockt und es an Krisenherden mangelt, ruft man
gerne mal die Politik auf nachzuhelfen, und die lässt
sich nicht lange bitten.

**nachlässig**

Nach lässig kommt schnell mal nachlässig.

**Nacht**

Nacht ist, wenn Mücken zu Elefanten mutieren.

**nachmachen**

Manche Menschen machen sich vor, sie selbst zu sein,
wenn sie andere nachmachen

## Nähkästchen

Vertrauliche Informationen verlieren außerhalb des Nähkästchens schnell ihre Exklusivität.

## Neugier

Neugier erweitert den Horizont und induziert Fortschritt, die ständige Gier nach Neuem verstellt den Horizont und führt Schritt für Schritt in die Orientierungslosigkeit.

## nichts Festes

Wer sich nicht bindet, alles verwirft und nirgends verweilt, der hat nichts Festes, außer er lässt es.

## Notenbank

Eine Notenbank ist eine Bank, die zur Not ihre Privateigentümer mit unbegrenzten Krediten versorgt, während der kleine Mann um seine Banknoten bangt und für diese Kredite zahlt.

**Notenbank**

In Notlagen helfen auch schon mal Notlügen als
rettende Ideen, denken sich die Notenbanken und
versprechen, mit ihren unheilvollen Notmaßnahmen
das Finanzsystem zu retten, während sie doch nur die
Banken retten und die Bürger rettungslos ausplündern.

**Notenbank**

Notenbanken sind Banken, nach deren Noten die
Musik in der Politik spielt.

**Null**

Nur Nullen und hohle Köpfe, die nicht begreifen, dass
das aktuelle Geldsystem auf Aufschuldung basiert,
können über die schwarze Null im Haushalt
schwadronieren.

**Null**

Null: Vorne wird's nicht viel, hinten zahlt sich's aus.

## Nullachtfünfzehn

Wenn Nullachtfünfzehn sich als exklusiv verkauft,
schlägt's dreizehn.


## Ochse

Was würde der Ochse vor dem Berg dafür geben,
wenn er wüsste wie der Hase läuft.


## Ochsentour

Es mag auch an der klassischen Ochsentour liegen,
dass die meisten Politiker, salopp gesagt, keine Eier
haben. Seiteneinsteigerinnen bestätigen die Regel.


## opportun

Im Sinne der politischen Korrektheit dürfte es kaum
opportun sein, mit jemandem Fraktur zu reden.

## Opportunist

Ob er von Tuten und Blasen eine Ahnung hat oder
nicht, ist für einen eingefleischten Opportunisten
irrelevant, wichtig ist allein, dass er in das Horn bläst,
das öffentlich gerade Renommee besitzt.


## Optimierung

Optimierung durch Technisierung ist ein netter
Euphemismus für Entmündigung.


## Optimist

Es denkt sich der Optimist: Ich halt mich fern von
diesem Pressemist.


## Optimist

Der Pessimist ist jemand, der immer nur Mist erwartet,
während der Optimist erwartet, dass auf dem Mist
etwas Gutes wächst.

## Pandora

Der Mensch ist schon ein eigenartiges Wesen. Er tut immer genau das, was er nicht tun soll. Hätte Zeus Pandora gesagt, sie solle die Büchse auf jeden Fall öffnen, hätte sie vielleicht die Finger davon gelassen und wir müssten heute alle nicht arbeiten und auch sonst gäbe es keine Laster. Allenfalls PKWs.

## Parolen

Wenn es mit hohlen Parolen nur schwach läuft, bringen die Betreiber der Propagandamaschine gerne auch mal gedankenschwache Mitläufer ans Laufen.

## Pedant

Pedanten erkennt man am gleichen Muster. Sie lieben es klein und kariert.

## Pedant

Potenter Pedant sucht patentes Pendant.

## Perspektive

Es ist alles eine Frage der Perspektive, denkt sich die
Maus und fragt sich, was eigentlich gegen die Katze
im Sack spricht.


## Pi

Pi mal Daumen berechnet, heißt noch nicht, dass
etwas auch rund läuft.


## Politiktheater

Die Tragödie der heutigen Zeit ist, dass die Menschen
das Politiktheater für bare Münze nehmen, Die
Intentionen der Dramaturgen bleiben unhinterfragt.


## politisch korrekt

In Zeiten politischer Korrektheit ist es wenig opportun,
kein Blatt vor den Mund zu nehmen. Man spricht
lieber durch die Blume.

**politisch korrekt**

Echt sozial: Wer sich im Sinne der politischen
Korrektheit unbotmäßig verhält, bekommt, so die
Botschaft, einiges geboten, inklusive sozialer Ächtung.

**Porzellan**

Taktgefühl weiß um die Fragilität von Porzellan.

**Problem**

Wenn die Konturen verschwimmen, geht es auch
schon mal kolossal, denkt sich die Nacht und macht
aus jedem Problemchen ein Problem.

**Problem**

Wer sich im Tal der Tränen befindet, hat nicht selten
einen Berg von Problemen.

## Problemlöser

Angehenden Problemlösern sind Hundegräber oder liegende Pfefferhasen zu empfehlen.

## Propheten

Auch Propheten können nach Feten einen gepflegten Kater haben.

## pünktlich

Geht die Uhr nach dem Mond, steht es in den Sternen, ob man pünktlich ist.

## Querdenker

Querdenker zeigen neue Wege auf, Querköpfe versperren sie.

## Rassismusbegriff

Wenn es doch wenigstens rassige Debatten wären, die um den „Schlagmichtod“-Rassismusbegriff geführt würden.


## Rechnung

Wer das Schlimmste in seine Rechnung einfließen lässt, ist froh über jeden Rechenfehler.


## Regel

Zwar nicht amtlich, aber in der Regel zutreffend ist, dass man den, der zu viel denkt, in der Politik und auch anderswo nicht gern mit höheren Ämtern bedenkt.


## reifen

Die meisten Menschen müssen reifen, bevor sie begreifen.

**Reißleine**

Je mehr sich jemand vom Boden der Tatsachen
entfernt, umso mehr kommt für Rückkehrwillige die
Reißleine ins Spiel.


**Revolution**

Vor morgen früh wird das mit der Ford'schen
Revolution nun schon seit Jahrzehnten nichts, weil
Revolution und Menschen verschlafen haben und
letztere das Geld-aus-dem-Nichts-System beharrlich
nicht verstehen wollen, können, sollen oder dürfen.


**Risiko**

Wer immer nach einer Möglichkeit sucht, alle Risiken
auszuschalten, bringt sich um alle Möglichkeiten.


**Risiko**

Bankenrettung ist, wenn deren stattliches Risiko
verstaatlicht wird.

**R wie Ross**

Aus Angst sich zu vergallopieren, lässt so mancher
Ross und Reiter unbenannt.


**Sachverhalt**

Wenn man etwas springen lassen muss, um jemanden
auf Trab zu bringen, dann ist der Sachverhalt
bestechend klar.


**Satire**

Dass mancher Kopf nur ein Hohlkopf ist, sieht man
spätestens dann, wenn dieser ungemütlich wird, weil
er sich im Hohlspiegel der Satire erblickt hat.


**Satire**

Das Leid mit der Satire ist, dass die Adressaten häufig
die beleidigte Leberwurst spielen, weil sie ihnen gar
nicht Wurst ist.

## Schein

Nicht nur Geldbetrug macht seine Geschäfte dort, wo
man den Schein für bare Münze nimmt.


## Schema F

Ein Vollblutbeamter geht von A bis Z nach Schema F
vor.


## Schicksal

Schicksal ist das, was wir aus dem machen, was wir
uns selbst in diesem und auch anderen Leben
aufgetragen haben.


## Schicksal

Manchem scheint es schick, sich aus dem
Zusammenhang zu stehlen und die Verantwortung für
Ereignisse dem Schicksal aufzubürden.

Das

Destillat

einer

Schnapsidee

führt

unweigerlich

zum

Desillusions-

kater

## Schöpfung

Die Krone der Schöpfung: Hatte Gott einen in der
Krone, als er den Menschen als Schlusspunkt der
Schöpfung schuf?


## Schwarzmaler

Wenn bezahlte Schwarzmaler uns weismachen wollen,
dass wir uns mit CO2 um unsere Zukunft bringen,
dann treiben sie es arg bunt.


## Schweigen

Wenn Schweigen Folianten füllt, hat man das, was
nicht gesagt wurde, so gut wie schwarz auf weiß.


## Schweinehund

Auch für den inneren Schweinehund gilt letztlich,
dass er nicht beißt, wenn er anschlägt.

## Schweinehund

Was so ein richtiger Ausbund an innerem
Schweinehund ist, der ruft, sich windend, immer
gerne dann in Erinnerung, wenn es darum geht,
Selbstüberwindung groß oder klein zu schreiben.


## schwören

Bevor man Stein und Bein schwört, sollte man
bedenken, ob dadurch nicht erst ein unangenehmer
Stein ins Rollen gebracht wird.


## Sein

Für die meisten Menschen gilt, dass sie sich ins Soll
begeben, um über das vermeintliche Haben ihr Sein
zu bestimmen, doch zwischen Soll und Haben vergisst
es sich zu sein.


## Sein

Sein: Gedanken los zu sein, nicht gedankenlos zu sein.

## Selbstlosigkeit

Alles selbst losgeworden zu sein, hat zunächst einmal nichts mit Selbstlosigkeit zu tun, aber es limitiert diese beachtlich.


## Selbstverwirklichung

Selbstverwirklichung ist doch nur möglich, wenn man den Mut aufbringt zu erkennen, dass die sozialisierte Person, die man zu sein scheint, oft genug den Blick auf das eigentliche Selbst verstellt, das man ist.


## selig

Selig sind die geistig Armen, denn sie verlieren wenig, wenn sie ihren Geist aufgeben.


## Singledasein

Das Singledasein sollte zu denken geben, wenn man sich nichts mehr zu sagen hat.

## Sinn

Sinnfindung im Alter ist mit Vorsicht zu genießen. Es
könnte sich um Starrsin handeln.


## Sinn

Der Sinn des Lebens erschließt sich nicht durch
Fragen oder Suche, er findet sich.


## Sperenzien

Sperenzien mit dem Esel: sperren, ziehen, sperren
ziehen ...


## soziales Netzwerk

Wenn eine geheime Organisation sich in den Dienst
gegen den Menschen gestellt hat und ihr soziales
Werk darin sieht, mit ihrem Netz alle Daten
einzusammeln, die wir unachtsamerweise im digitalen
Weltmeer verloren haben, dann spricht man auch gern
von einem sozialen Netzwerk.

## Spiel

Das Spiel mit dem Feuer ist nichts für diejenigen, die
schnell kalte Füße bekommen.


## spitzkriegen

Es ist allemal besser, einer Sache selbst die Spitze
abzubrechen, als darauf zu warten, dass andere sie
spitzkriegen.


## Spuren

Alles, was wir denken, was wir sagen, was wir tun,
hinterlässt Spuren, alles.


## Standpauke

Wenn jemand von Tuten und Blasen keine Ahnung hat,
hilft eine Trompete wenig weiter, eine Standpauke ist
meist hilfreicher.

Zwischen einem
schweren
oder leichten Stand
liegt oft nur der eigene
Standpunkt, den
man äußert
oder mit dem man
hinterm Berg hält.

## Statistik

Bemerkenswert ist, welchen Einfluss im Sport Statistiken, deren Bedeutung die Akteure doch gerade bestreiten, auf zukünftige Ereignisse haben.


## Stegreif

Früher war der Stegreif wenigstens noch ein Steigbügel und man saß hoch zu Pferd, wenn man die Erlasse der Herrschaft verkündete, heute steigt man, wenn es aus dem Stegreif geschieht, ohne Bügel, Pferd und Vorbereitung in irgendeine Rede ein, die irgendwelche Herrschaften über sich ergehen lassen.


## Stiefel

Wenn man sieht, welchen Stiefel so mancher Russe vertragen kann, ist man nicht nur von den Socken, es zieht es einem geradewegs die Schuhe aus.

## Strauchdieb

Wer auf den Busch klopft, um herauszufinden, was dahinter ist, sollte Vorsicht walten lassen, es könnte auch ein Strauchdieb sein.


## Strohkopf

Dass Strohköpfe Holzköpfen das bisschen Wasser reichen können, werden letztere mit Verweis auf das Fehlen des zu „strohdumm" analogen Attributs bestreiten.


## Suppe

Es soll Menschen geben, die bemüht sind, ein Haar in jemandes Suppe zu finden, nur um ihm kräftig in selbige zu spucken.


## Suppe

Wer von Tuten und Blasen keine Ahnung hat, sollte mit heißer Suppe vorsichtig sein.

Das
olfak-
torische
System
weckt mitunter
ganze Romane
in uns für die
uns die Worte
fehlen.

## Tagedieb

Wem im Urlaub stets ein paar Tage fehlen, der sollte
sich mal die Frage nach dem Tagedieb stellen.


## Talent

Den Weg vom Talent zur Meisterschaft geht nur ganz,
wer sich nicht ganz gehen lässt.


## Täuschung

Wahr ist, dass die Täuschung oft auch aus der Angst
entsteht, mit der Wahrheit zu enttäuschen.


## Technik

Der smarte Dienstbote Technik hat den Menschen
zum Lakaien gemacht.

**teuer**

Eine Sache, die recht und billig scheint, kann
manchmal unrecht sein und teuer werden.


**Teufel**

Im Großen und Ganzen gibt es keinen Teufel, er steckt
im Detail.


**Teufel**

Wer auf Teufel komm raus Himmel und Hölle in
Bewegung setzt, darf sich nicht beschweren, wenn
hinterher der Teufel los ist.


**Tiefflieger**

Hochfliegende Pläne scheitern nicht selten an
geistigen Tieffliegern.

**Tisch**

Manche Menschen glauben doch wahrhaftig, sie
könnten reinen Tisch machen, indem sie etwas
darunter kehren.


**Ton**

Auch wenn man manchmal am liebsten einen anderen
Ton anschlagen möchte, gebietet es der gute Ton,
lieber keinen Ton verlauten zu lassen, bevor man sich
in ihm vergreift.


**Torhüter**

Torhüter gehen auch dann ihrem Beruf nach, wenn sie
beschäftigungslos sind.


**Tränen**

Vergossene Tränen klären den Blick.

**Traum**

Die Verwirklichung eines Traumes macht uns um
eben diesen ärmer.


**Traum**

Träume verschwenden sich in Metaphern, für deren
Deutung uns oft der Rahmen fehlt.


**Traum**

Hadere nicht, wenn deine Träume nicht in Erfüllung
gehen, hadere höchstens, wenn du nie von einem
Traum erfüllt warst.


**Treppenwitz**

Früher wäre es Schlagfertigkeit gewesen, später reicht
es nur zum Treppenwitz.

**ungleich**

Wir wissen nicht, ob es Gott gleich ist, dass die
Menschen ungleich sind. Allerdings wäre die Welt
ungleich ärmer, wenn alle gleich wären.


**Unrecht**

Warum sich selbst ins Unrecht setzen, wenn man auch
recht gut woanders Platz nehmen kann.


**Unwissenheit**

Mancher steht auch dann loyal zu seiner Unwissenheit,
wenn es ihm am Abend dämmert.


**Urknall**

Wer glaubt, dass Materie nach einem Urknall aus sich
heraus fähig ist, eine immer komplexere Ordnung
herzustellen, ist ziemlich durchgeknallt.

## Verantwortung

Man ist immer wieder von den Socken, wenn man
sieht, welchen Schuh sich manche Politiker, wenn es
um Verantwortung geht, partout nicht anziehen wollen.


## Verbote

Es liegt auf der Hand, dass Verbote gerade dazu
führen, dass das Verbotene unter der Hand
abgewickelt wird.


## Verdienst

Es drängt sich manchmal der Eindruck auf, dass sich
Verdienst und Anerkennung zueinander komplementär
verhalten.


## Verdienst

Neid - Gradmesser für Verdienst.

## Verfallsdatum

Dass alle Menschen ein Verfallsdatum haben, heißt
nun nicht, dass sie bis dahin auch alle schlecht werden.


## Vergangenheit

Wenn man von der Vergangenheit absieht, war früher
alles besser.


## Vergesslichkeit

Im Desinformationszeitalter bleibt nichts über das
noch Gras wachsen könnte. Wer also auf mediale
Vergesslichkeit setzt, für den ist digital fatal.


## Vermögensberatung

Zum A und O moderner Vermögensberatung gehört es,
dem geschätzten Kunden ein X für ein U vormachen
zu können.

**Vernunft**

Wer bar jeder Vernunft ein Angebot machen will,
muss nicht auch davon überzeugt sein, mit Geld alles
regeln zu können.


**verrückt**

In einer verrückten Welt, die sich als normal deklariert,
gilt normalerweise der als verrückt, der die Dinge
wieder zurechtrückt.


**Verstand**

In Zeiten, in denen Gefühle Hochkonjunktur haben,
ist es am Verstand, sich hier und da zu melden und für
eine Rezession zu sorgen, damit man ihn nicht ganz
verliert.


**Verstand**

Der Verstand sagt: Gefühle machen Fehler. Fehlen
aber Gefühle, fehlt das Verständnis.

## Verstand

Die Befangenheit unseres Verstandes verstellt uns den Blick auf das unsterbliche Wesen, das wir in Wahrheit sind.


## verstimmt

Mancher klingt recht verstimmt, wenn er erst mal andere Seiten aufzieht.


## Vertreter

Ein verdrehter Vertreter bedauerte betreten sein Auftreten als Leisetreter, weil die Umsätze auf der Stelle traten.


## Visionen

Große Visionen: Was schnell und groß brennt, verzehrt sich eilig in seiner Substanz.

## Visionen

Ein Schloss auf dem Mond zu bauen ist eine Sache, große Visionen auch zu realisieren, dafür braucht es manchmal jemanden von einem anderen Stern.


## Vorahnung

Vorahnungen verdichten sich gern in der auditiven Wahrnehmung des Graswachstums.


## Vorbild

Es muss nicht unbedingt ein glänzender Verstand sein, der ein leuchtendes Vorbild auszeichnet.


## vormachen

In höhere politische Ämter gelangt man, da sollte man sich nichts vormachen, indem man nachmacht, was andere bereits erfolgreich vorgemacht haben, die der Öffentlichkeit etwas vorgemacht haben.

**Vorurteil**

Vorurteile werden erst dann unerträglich, wenn sie
nicht mehr nur als modifizierbare und mit der Realität
abzugleichende Orientierungshilfen und
Zwischenergebnisse betrachtet werden, sondern in
vorauseilender Endgültigkeit und ohne Abgleich sich
als Urteil aufdrängen.


**Vorurteil**

Wenn sich der Ansichtsdunst verzieht, geraten
Vorurteile ins Wanken.


**Vorurteil**

Grundsätzlich sind Vorurteile zu unserem Vorteil, da
sie unser Sehen perspektivisch einstellen und einen
Wahrnehmungsfilter zwischen uns und die unendliche
Informationsflut legen, mitunter fragwürdig, aber
überlebenswichtig.

**Vorurteil**

Vorurteile multiplizieren sich, wenn sie mit jemandem
geteilt werden.


**Vorurteil**

Ohne Vorurteile wäre das Leben ziemlich
unübersichtlich, mit Vorurteilen fehlt oft eine gerechte
Sicht.


**Wahrheit**

Aus Sicht des Weisen gibt es zu jeder Sache
verschiedene Sichtweisen, aber nur eine Wahrheit.


**Wahrheit**

Wenn Geld im Spiel ist, dann kennt die Wissenschaft
keine Halbheiten und macht schon mal aus einer
halben eine ganze Wahrheit.

## Wahrheit

Lügen sind substituierbar, die Wahrheit ist es nicht.


## Wahrheit

Wer der Wahrheit Gewicht beimisst, weiß, dass die leichte Schulter sie nicht trägt.


## Wahrheit

Einen Berg von Problemen schafft man sich nicht dadurch vom Leib, dass man mit der Wahrheit dahinter hält.


## Wahrheit

Wenn die uns medial verkaufte Wahrheit einen schlanken Fuß macht, dann sollten wir besonders skeptisch sein und uns fragen, ob wir nicht von Kopf bis Fuß belogen werden.

## Wahrheit

Manche wollen auch dann noch nicht Farbe bekennen,
wenn sie die Wahrheit schwarz auf weiß vor Augen
haben.


## Wahrnehmung

Solange wir es zulassen, dass allein unser Verstand
sich als Türsteher unserer Wahrnehmung aufspielt und
alles abweist, was nicht zu unserem vernunftgemäßen
Weltbild kongruent ist, das selbst doch nur auf
Glaubenssätzen beruht, berauben wir uns einer
ganzheitlichen und grenzüberschreitenden
Wahrnehmung.


## Weiche

Wir mögen gleich einem Zug auf die Gleise des
Lebens gesetzt worden sein, allein die Weichen stellen
wir selbst.

## Weisheit

Für alle Nicht-Hundertprozentigen tut es auch der
Weisheit vorletzter Schluss.


## Wirklichkeit

Die öffentliche Wirklichkeit des Publikums wird
zunehmend zur Fiktion, da sie mehr und mehr durch
fiktive Medienereignisse bestimmt wird.


## Wissen

Wer viel von einer Sache weiß, weiß, dass er vieles
noch nicht weiß.


## Wissen

Wir sollten wissen, das wir nicht wissen, wenn wir
nicht wissen, dass wir nicht wissen.

**Wissen**

Wissen schafft auch die Erkenntnis, dass letztlich alle
Wissenschaft auf Glaubenssätzen fußt.


**Wissen**

Zu viel zu wissen kann manchmal noch gefährlicher
sein, als zu wenig zu wissen.


**Wünsche**

Wünsche haben die Tendenz, sich dann zu
verwirklichen, wenn man sie aufgibt und sich in sein
Schicksal ergibt.


**Wurst**

Wenn es um die Wurst geht, erkennt man spätestens,
dass in einem großen Aufschneider oft nur ein kleines
Würstchen steckt.

Was kann
man nicht
alles
mit vielen
Wörtern
nicht
sagen!

## x-beliebig

Jeder Mensch ist einzig, einige sind artig, manche
sind es nicht und nur wenige sind sich dessen bewusst,
dass sie einzigartig und nicht x-beliebig sind.


## Xenophobie

Was fraglos politisch korrekt ist, wirft Fragen auf:
Wäre es möglich, dass in unserer Welt der Polarität
die zunehmende Xenophobie erst durch die artifiziell
gesteigerte Xenophilie induziert wird? Und ist die
beklagte Xenophobie vielleicht selbst in Teilen ein
artifizielles Produkt? Und wenn, warum das alles?


## Yoghurt

Warum eingleisig, wenn es auch zweigleisig geht?
Statt dem Y kann es ruhig auch ein J sein, denkt sich
der Yoghurt und gönnt sich gleich noch zwei Artikel.

## Y

Das Ypsilon ist stets und ganz bereit, doch ist kein Aphorismus weit und breit. Zu limitiert an dieser Stelle, der Wortschatz keine reiche Quelle.

## Zahnfleisch

Es ist schon reichlich ambitioniert, den Mund noch voll zu nehmen, wenn man bereits auf dem Zahnfleisch geht.

## Zankapfel

Zankäpfel werden gerne mal auf Zäune gesteckt, von denen sich dann leicht ein Streit brechen lässt.

## Zeit

Was früher nicht besser war, ist für den alles andere als hohlen Zahn der Zeit.

**Zeit**

Schon mancher, der immer mit der Zeit ging, musste erfahren, dass diese an ihm vorüberging, wenn auch nicht spurlos, und schließlich davonlief.


**Zeit**

Schwundzeit: Da wir immer weniger Zeit haben, muss man sich fragen, wo das Fass ohne Boden steht, in dem die durch zunehmende Automatisierung und Technisierung von Arbeitsprozessen eingesparte Zeit verschwindet.


**Zeit**

Man kann sie stehlen, man kann sie sich nehmen, man kann sie vertun, man kann sie totschlagen, man kann sie schinden, man kann sie verlieren. Phlegmatisch lässt die Zeit alles über sich ergehen, bis sie uns irgendwann unwiderruflich mit unserer Endlichkeit konfrontiert.

## Zufall

Manche Menschen aber glauben, den Zufall berechnen zu können, indem sie ihm in ihrem Aberglauben ein Gesicht verleihen.

## Zweisamkeit

Wenn sich zwei Menschen nichts mehr zu sagen haben, ist das alles andere als nichtssagend.

## zerreden

Lange Rede, kurzer Sinn: neue lange Rede. Wie oft haben sich nicht schon Menschen zu einer Besprechung verabredet, in der dann das zu Beredende ausführlich zerredet wurde, sodass allein die Verabredung zur nächsten Besprechung Spruchreife erlangte.

**Zyniker**

Der Zyniker kompensiert seine Enttäuschung über die Täuschungen in seinem Leben, indem er sich verbal durch selbiges beißt.


**Zyniker**

Der Zyniker bläst einem temperamentvollen Pferd noch Pfeffer in den Arsch.


**Zyniker**

Der Zyniker hat sich in der Illusion eingerichtet, dass es sich nicht lohnt, sich irgendwelchen Illusionen hinzugeben.


**Zyniker**

Man muss heute nicht mehr in einer Hundehütte oder Tonne nächtigen, um als veritabler Zyniker zu reüssieren.

Verbal beißt
so mancher
Zyniker
um sich, dass
es wirklich jeder
Beschreibung
spottet.